SUR GRIN VOS CONNAISSANCES
SE FONT PAYER

- Nous publions vos devoirs
  et votre thèse de bachelor et master

- Votre propre eBook et livre –
  dans tous les magasins principaux du monde

- Gagnez sur chaque vente

Téléchargez maintentant sur www.GRIN.com
et publiez gratuitement

Bibliographic information published by the German National Library:

The German National Library lists this publication in the National Bibliography; detailed bibliographic data are available on the Internet at http://dnb.dnb.de .

Imprint:

Copyright © 2011 GRIN Verlag
Print and binding: Books on Demand GmbH, Norderstedt Germany
ISBN: 9783668929265

This book at GRIN:

https://www.grin.com/document/464052

Abdelkhalek Razky

De quelques aspects du traitement fonctionnel des types de coordination en français

GRIN Verlag

Abdelkhalek RAZKY

De quelques aspects du traitement fonctionnel des types de coordination en français

Inhaltsverzeichnis

0. Introduction

Il s'agit, dans cet article, de donner un aperçu des principaux traits fonctionnels inhérents au phénomène de la coordination dans le cadre du modèle stratifié de l'énoncé (modèle standard étendu[1] de la grammaire fonctionnelle néerlandaise)

Nous allons tout d'abord traiter de la règle de la coordination avant d'essayer de rendre compte des différents types d'éléments coordonnables. Les questions relatives aux contraintes (sémantiques, syntaxiques et pragmatiques) sur les types de coordination et aux coordonnants seront soulevées dans des travaux ultérieurs.

1. Règle de la coordination

Dik, dans le chapitre 9 réservé à la coordination, (1997 : 189) renvoie le lecteur à son ouvrage de 1980 chapitre 9 lui aussi consacré à la question de la coordination.

En effet, Dik (1980 : 191) formule, dans le cadre du modèle standard, un schéma général de la coordination donné comme suit :

(1) $\alpha \rightarrow \alpha 1, \alpha 2, ..., \alpha n \ (n \geq 2)$

Selon lui, cette règle comme input l'élément α et l'étend à l'intérieur de n séries d'éléments coordonnés de même nature. Ainsi, par exemple, concernant la coordination des termes, la règle (1) opère sur une position de terme et l'étend à deux (ou plusieurs) positions de même type ayant la même fonction sémantique.

---

[1] Cf. les ouvrages programmatiques de Dik (1989) et (1997) dans la section « Références bibliographiques ».

Soit la phrase :

(2) Jean a acheté un livre et un journal.

L'énoncé (2) est produit par l'extension de la position (x2) au moyen de l'ajout d'une autre position ayant le même statut :

(3) a- Acheter V (x1 : humain (x1)) Ag (x2 : non-animé (x2)) Pat

b- Acheter V (x1 : humain (x1)) Ag   (x2 : non-animé (x2)) Pat ET (x3 : non-animé (x3)) Pat

c- Acheter V (x1 : Jean (x1)) Ag (x2 : livre (x2)) Pat ET (x3 : journal (x3)) Pat

Dik (1997 : 189), propose une symbolisation générale des coordinations au moyen d'un schéma qui ressemble au schéma (1) et que nous présentons comme suit :

(4) CO : M1 & M2 & ... & Mn

Pour Dik (Id : 190), « CO » symbolise la coordination dans son ensemble, « M » indique les membres (éléments) (n >1), et « & » désigne l'outil de liaison au moyen duquel les membres sont reliés.

Ce schéma montre qu'on peut coordonner deux ou plusieurs éléments :

(5) a- Jean et Marie sont arrivés.

b- Jean, Marie, Marc et Sylvie sont arrivés.

Dans cette conception du procédé de coordination, l'outil de liaison peut être la juxtaposition :

(6) Vestes, pantalons, chemises, tous ont pris feu.

2. Description des éléments coordonnés

Dans son essai de description des constructions coordonnées, Dik (1997 : 193-196) commence tout d'abord par déceler les faiblesses de la méthode traditionnelle, méthode réductionniste, avant de présenter l'approche directe du MSE qui essaie de remédier aux faiblesses en question.

La méthode réductionniste peut être présentée à travers les exemples ci-après :

(7) a- Jean et Marie sortent de la boulangerie.

b- Jean sort de la boulangerie et Marie sort de la boulangerie.

Pour mieux montrer l'inadéquation de cette méthode, on propose les énoncés suivants :

(8) a- Jean et Paul constituent un duo formidable.

b- *Jean constitue un duo formidable et Paul constitue un duo formidable.

C'est pour cette raison que Dik (id), dans le cadre de l'approche dite directe, tend vers la multiplication locale de constituants ce qui va donner lieu à des séries d'items coordonnés. Pour ce faire, Dik (1997 :195) propose une règle simple ayant la forme ci-dessous :

(9) $M \rightarrow M1 \ \& \ M2 \ \& \ ... \ \& \ Mn$ $(n > 1)$

Le schéma (9) peut opérer ainsi dans différentes places et à divers niveaux de la structure sous-jacente de l'énoncé et conduire, de ce fait, à divers types de coordinations locales : *M* désigne l'item multiplié et *&* indique la relation de coordination.

3. Typologie des éléments coordonnés

Il est à remarquer que Dik (1997 : chap. 9), dans le cadre de cette approche directe, se démarque nettement des travaux antérieurs[2] en étudiant la typologie de la coordination au sein de trois classes nettement distinctes : coordination simple, coordination multiple et coordination simultanée.

Ainsi, de ces trois classes, seule la classe de la coordination simple semble comporter, en ce qui concerne le français, six types pouvant être illustrés de la sorte:

(i) <u>Coordination des phrases et des « clauses[3] »</u> :

La phrase se compose, dans le MSE, de la « clause » plus un ou des constituants extra-« clausaux[4] ». Si la coordination de ce type de structures est possible en arabe, comme l'affirme Dik (Id), elle est peu acceptable en français :

---

[2] Essentiellement Dik (1980), chap.9 cité par Razky (1989 : 10), où il est question de types de coordination : des termes, dans les termes et des prédicats.
[3] Propositions dotées d'une force illocutionnaire, i.e. énoncés.
[4] Constituants tels que le Thème, la Queue, le Vocatif, etc.

(10) ?? Le livre, Jean l'a lu et l'article, Paul l'a résumé.

La coordination des « clauses », quant à elle est possible. Chacune des « clauses » garde son propre intégrité ce qui explique le recours à une relation de juxtaposition ou de coordination :

(11) a- *Jean écrit une lettre; Marie lave la vaisselle.*

b- *Jean écrit une lettre* et *Marie lave la vaisselle.*

(ii) <u>Coordination des propositions et des prédications</u> :

(12) Paul espère *que Marie assistera à la cérémonie* et *qu'elle prononcera un discours.*

Les verbes tels que *croire, espérer, penser, souhaiter*, etc. admettent des termes propositionnels comme seconds arguments comme c'est le cas dans (12) où la coordination s'effectue entre deux termes propositionnels SN2.

Les prédicats tels que *obliger, forcer*, etc. prennent, quant à eux, des termes prédicationnels comme seconds arguments comme dans l'exemple suivant:

(13) Le malfaiteur a obligé la jeune fille *à ouvrir le sac* et *à lui donner ses bijoux.*

(iii) <u>Coordination des termes</u> :

(14) *Paul* et *Valérie* chantent.

Dans (14), le coordonnant *et* permet de coordonner les termes *Paul* et *Valérie*.

(iv) <u>Coordination des prédicats</u> :

(15) Martine *a épluché* et *mangé* une pomme.

Cet énoncé met en présence la coordination de deux prédicats *éplucher* et *manger*.

(v) <u>Coordination des restricteurs et dans les restricteurs</u> :

(16) a- Ils ont acheté une *belle* et *puissante* voiture.

b- Le couple vit dans une *belle vielle* demeure.

Dans (16a), il y a coordination des restricteurs *belle* et *puissante* ; dans (16b), le restricteur *belle* est inséré (coordonné) dans le restricteur *vielle*.

(vi) <u>Coordination des opérateurs (et des fonctions sémantiques)</u> :

(17) - Pouvez-vous me donner *quatre* ou *cinq* dirhams?

(17) est une illustration de la coordination des opérateurs de termes, à savoir les quantifieurs *quatre* et *cinq* qui sont des spécifieurs du terme dirhams.

Nous laisserons de côté ici le type problématique de la coordination des fonctions sémantiques.

Dans cet article, nous allons nous intéresser particulièrement à la coordination simple qui, à notre avis, doit s'appliquer à des éléments ou membres indépendants par opposition à ce qu'on peut appeler coordination complexe qui relie des propositions enchâssées dans une proposition matrice. Nous allons nous baser essentiellement sur l'étude de Razky (1989) élaborée à la lumière des hypothèses et argumentations du modèle standard pour mieux donner un aperçu de la coordination dans l'actuel modèle, le MSE.

3.1. Coordination des termes

Considérons les énoncés :

(18) a- *Les femmes* et *les enfants* retournent à la maison.

b- Marie a préparé *le déjeuner* et *le dîner*.

c- Sylvie est allée *à la boulangerie* et *à la pharmacie*.

Dans ce type de coordination, si on prend l'exemple (18b), la règle de la coordination s'applique en opérant sur la position (x2) en ajoutant une autre position, dotée, elle aussi de la fonction sémantique Patient (Pat) :

(19) a- Préparer V (x1 : humain (x1)) Ag (x2 : non-animé (x2)) Pat

b- Préparer V (x1 : humain (x1)) Ag (x2 : non-animé (x2)) Pat   ET

(x3 : non-animé (x3)) Pat

c- Préparer V (x1 : Marie (x1)) Ag (x2 : déjeuner (x2)) Pat   ET

(x3 : dîner (x3)) Pat

Concernant ce type de coordination, M a, dans la règle de coordination (4), la valeur d'un terme.

3.2. Coordination dans les termes

(20) a- *Le frère* et *la sœur* du patient parlent au médecin.

b- Pierre a acheté *la maison* et *la voiture* de François.

Dans (20a), la coordination a lieu dans le terme SN sujet (x1) entre l'item *le frère* et l'item *la sœur* ; le SP *du patient* est le spécifieur (complément) des noms en question.

Dans (20b), la coordination s'effectue dans le terme SN objet (x2) entre l'item *la maison* et l'item *la voiture* ; *de François*, le SP, est le spécifieur de ces noms.

Les structures des phrases (20a-b) permettent d'illustrer la relation de coordination dans les termes :

(21) a- Parler V (x1 : frère ET sœur (du patient) x1)) Ag(ent) (x2 : médecin x2)) Réc(epteur)

b- Acheter V (d1x1 : Pierre x1)) Ag(ent) (dmx2 : maison ET voiture (de François) x2)) Pat(ient)

3.3. Coordination des opérateurs de termes

Soit les énoncés :

(22) a- *Six* ou *sept* étudiants ont rédigé la lettre.

b- Ils ont volé *huit mille* ou *neuf mille* euros.

Ce type de coordination touche l'opérateur de terme : le quantifieur *six* (ou) *sept* du terme *étudiants* (22a) et le quantifieur *huit mille* (ou) *neuf mille* du terme *euros* (22b). Cela peut être démontré grâce aux structures des énoncés en question :

(23) a- Rédiger V (x1 : (six OU sept) étudiants (x1)) Ag (x2 : lettre (x2)) Pat

b- Voler V (x1 : Ils (x1)) Ag   (x2 : (*huit mille* OU *neuf mille*) euros (x2)) Pat

3.4. Coordination des restricteurs de termes et dans les restricteurs de termes

(24) a- Le club a recruté un *solide* et *talentueux* joueur.

b- Ils ont choisi les *bonnes vieilles* méthodes.

Dans (24a), on remarque qu'il y a coordination des restricteurs adjectivaux (A) *solide* et *talentueux* du terme nominal *joueur* ; dans (24b), le restricteur adjectival *bonnes* est inséré (coordonné) dans le restricteur adjectival *vielles* du terme nominal *méthodes*.

On peut voir de plus près ce type de coordination à travers les structures de ces énoncés :

(25) a- Recruter V (x1 : club (x1)) Ag (x2 : joueur (solide A *ET* talentueux A) (x2)) Pat

b- Choisir V (x1 : Ils (x1)) Ag (x2 : méthodes ((bonnes A) vieilles A)) Pat

(26) a- Le journaliste *préparera* et *présentera* l'émission.

b- Mireille *s'est baignée* et (s'est) *maquillée*.

(27) Elle est *gentille* et *intelligente*.

(28) Jean-Louis est *un ingénieur* et (*un*) *peintre*.

Les constructions (26a-b) contiennent, chacune, deux prédicats verbaux coordonnés : *préparer* et *présenter*, *se baigner* et *se maquiller* respectivement. L'énoncé (27) comporte des prédicats adjectivaux coordonnés. Enfin, dans l'exemple (28), les prédicats coordonnés sont de type nominal.

Les structures de ces énoncés peuvent être données comme suit :

(29) a- Préparer V *ET* Présenter V (x1 : journaliste (x1)) Ag (x2 : émission x2)) Pat

b- Se baigner V *ET* Se maquiller V (x1 : Mireille (x2)) Ag

(30) (être V) Gentille A *ET* Intelligente A (x1 : Elle (x1)) Ø(fonction sémantique zéro)

(31) (être V) Un ingénieur N *ET* (un) peintre N (x1 : Jean-Louis (x1)) Pos(itionneur)

La structure (29a) est produite à partir du cadre prédicatif :

(32) Préparer V (x1) Ag (x2) Pat

Le prédicat *préparer* est étendu grâce à la règle de la coordination au moyen de l'ajout du prédicat *présenter* ce qui donne le cadre prédicatif étendu:

(33) Préparer V *ET* Présenter V (x1) Ag (x2) Pat

qui, après insertion des termes *journaliste* et *émission*, donne lieu à la structure (29a).

La structure (29b) est issue du cadre prédicatif :

(34) Se baigner V (x1) Ag

Le prédicat *se baigner* est étendu au moyen de la règle de la coordination par l'ajout du prédicat *se maquiller*, d'où le cadre prédicatif étendu:

(35) Se baigner V *ET* Se maquiller V (x1) Ag

Ce cadre prédicatif étendu, après insertion du terme *Mireille*, permet d'aboutir à la structure (29b).

La structure (30) provient du cadre prédicatif :

(36) (être V) *gentille* A (x1) Ø

Le prédicat adjectival (A) *gentille* est étendu au moyen de la règle de la coordination par l'ajout du prédicat *intelligente*, d'où le cadre prédicatif étendu:

(37) (être V) Gentille A *ET* Intelligente A (x1) Ø

Le cadre prédicatif étendu (37) engendre, après insertion du terme pronominal *elle*, la structure (30).

Pour ce qui est de la structure (31), le point de départ est le cadre prédicatif :

(38) (être V) Un ingénieur N (x1) Pos

L'étape suivante consiste dans l'extension du prédicat nominal (N) *Un ingénieur* grâce à la règle de la coordination. Ainsi, on arrive à un cadre prédicatif étendu :

(39) (être V) Un ingénieur N *ET* (un) peintre N (x1) Pos

Ce cadre étendu permet d'aboutir à la structure (31) après l'insertion du terme *Jean-Louis*.

3.6. Coordination des « clauses »

La coordination des « clauses », dans le sens de propositions dotées de Force illocutionnaire, est, comme nous l'avons signalé supra, est possible en français. Dans ce type de constructions, les « clauses » coordonnées gardent, chacune, son indépendance, d'où la possibilité de recourir à une relation de juxtaposition ou de coordination :

(40) a- *Véronique a lavé les assiettes et Marie-France a balayé la cuisine.*

b- *Michel n'est pas allé au bureau car il est malade.*

La construction (40a) est obtenue par l'ajout du cadre prédicatif B au cadre prédicatif A :

(41) A- Laver V (x1 : animé (x1)) Ag (x2 : non-animé (x2)) Pat

B- Balayer V (x1 : animé (x1)) Ag (x2 : non-animé x2)) Pat

et par l'insertion des termes *Véronique, assiettes, Marie-France* et *cuisine*:

(41) C- Laver V (x1 : Véronique (x1)) Ag (x2 : assiettes (x2)) Pat

ET Balayer V (x1 : Marie-France (x1)) Ag (x2 : cuisine x2)) Pat

Pour ce qui est de la construction (40b), elle est produite grâce à la multiplication (extension) du cadre prédicatif A dans son ensemble au moyen du cadre prédicatif B :

(42) A- (ne pas) Aller V (x1 : animé (x1)) Ag (x2 : non-animé (x2)) Loc

B- (être) Malade A (x1 : animé (x1)) Ø

et par l'insertion des termes *Michel*, *bureau* et *il* :

(42) C- (ne pas) Aller V (x1 : Michel (x1)) Ag (x2 : bureau (x2)) Loc

CAR (être) Malade A (x1 : il (x1)) Ø

Nous avons essayé, tout au long de cette section, de donner un aperçu relatif à la typologie des éléments coordonnés et à la procédure au moyen de laquelle la règle de la coordination permet l'extension ou, plus précisément, la multiplication des éléments de la structure en tenant compte des caractéristiques propres à chaque type de coordination.

Conclusion

Dans cet article, nous avons traité du problème syntaxique de la coordination en montrant, tout d'abord, que la règle de la coordination est nécessaire dans la mesure où son rôle est déterminant en ce qui concerne la typologie des éléments coordonnés entre autres.

Nous avons ensuite donné une idée de la description des éléments coordonnés dans le MSE à travers le schéma (9) qui peut fonctionner en différents lieux et à divers niveaux de la structure sous-jacente de l'énoncé et donner lieu, ainsi, à divers types de coordinations locales. Dans ce schéma, M indique l'élément multiplié et & marque la relation de coordination.

Enfin, dans la dernière section, nous avons proposé une typologie des éléments coordonnés en français : coordination des termes, coordination dans les termes, coordination des opérateurs de termes, coordination des restricteurs de termes et dans les restricteurs de termes, coordination des prédicats, et coordination des « clauses ». Ces types de coordination sont accompagnés de leurs structures qui illustrent, pour chacun d'eux, la mise en application de la règle de la coordination.

Références

DIK, S. C. 1980. *Studies in Functional Grammar.* London: Academic Press.

DIK, S. C. 1989. *The Theory of Functional Grammar. Part 1: The structure of the clause.* Dordrecht: Foris.

DIK, S. C. 1997. *The Theory of Functional Grammar. Part 2: complex and derived constructions.* Berlin, New-York: Mouton de Gruyter.

RAZKY, A. 1989. *La coordination en Grammaire Fonctionnelle* (type : Simon C. Dik). Mémoire de DEA en Sciences du Langage. Centre de Linguistique et de Dialectologie (CliD). Université de Toulouse-Jean Jaurès.

SUR GRIN VOS CONNAISSANCES
SE FONT PAYER

- Nous publions vos devoirs
  et votre thèse de bachelor et master

- Votre propre eBook et livre –
  dans tous les magasins principaux du monde

- Gagnez sur chaque vente

Téléchargez maintentant sur www.GRIN.com
et publiez gratuitement